CONTENTS

Part 1
動物コレクション

[愛され系]
- 8 イヌ
- 12 ウサギ
- 13 パンダ
- 16 ネコ
- 20 サル
- 21 ネズミ

[癒し系]
- 24 クマ
- 28 キリン
- 29 ブタ
- 32 コアラ
- 33 カンガルー
- 36 ラクダ
- 37 カピバラ

[ワイルド系]
- 40 猛獣
- 44 ゾウ
- 45 サイ
- 48 カバ
- 49 イノシシ

Part 2
動物の楽園

- 52 牧場の風景
- 56 森のちいさな仲間
- 60 ジャングルクルーズ
- 64 夜の番人
- 68 野鳥の森

Part 3
動物図鑑

- 72 神獣
- 73 海獣
- 76 珍獣
- 77 恐竜

Part 4
アニマルパーク

- 80 干支図像
- 81 開運図像
- 84 にらめっこスタンプ
- 85 あしあとスタンプ
- 88 メッセージワッペン

- 4 刺しゅう用具
- 5 刺しゅうの基本
- 6 10種のステッチ
- 93 ワンポイント刺しゅうの楽しみ方

※ 本書の図案はすべて実物大です。
※ 掲載作品はすべてディー・エム・シーの25番糸を使用しています。
※ 本書で使用している糸の表示内容は2015年2月現在のものです。
※ 印刷物のため、糸の色と色番号が多少異なる場合があります。

必要な用具

刺しゅうを始めるにあたってこれらの用具を揃えましょう。

セロファン

図案写しペンで図案をなぞる際、図案の上に敷きます。図案の保護になり、やぶれにくくなるので何回も使用できます。

布

本書では主にリネンを使用。どんな布にも刺しゅうはできますが、初めての場合は図案が写しやすい色、ある程度張りのある生地がおすすめです。

転写紙

布に図案を写す際、図案写しペンと一緒に使用。細かい図案を写すときにおすすめです。

トレーシングペーパー／ディー・エム・シー

刺しゅう針

刺しゅう用の針は、糸の本数や布の種類などによって使い分けます。ふつうの縫い針よりも針穴が大きいのが特徴です。

エンブロイダリー針（サイズ5〜10）／ディー・エム・シー

糸切りばさみ

刺しゅう糸を切る際には、小回りが利く先端の細いはさみが便利です。

クジャクモチーフ／ディー・エム・シー

刺しゅう枠

布をピンと張り、刺しゅうをしやすくします。枠の大きさは図案の大きさによって選びます。

刺しゅう枠（12.5cm）／ディー・エム・シー

オーガナイザー

使用した刺しゅう糸を使いやすく、きれいに整理するアクセサリー。一度に14色の糸を収納できます。

刺しゅう糸オーガナイザー／ディー・エム・シー

刺しゅう糸

本書で使用するのは25番糸。高品質でカラーバリエーションが豊富です。

DMC25番糸／ディー・エム・シー

図案写しペン

布に転写紙で図案を写す際に使用。図案の下に転写紙を敷き、図案に沿ってペンでなぞります。

転写ペン

布に直接図案を描く際に使用。お湯で消えるので転写紙で写した図案の清書や印付けなどにも便利です。

トランスファーペン／ディー・エム・シー

ワンポイントがかわいい
ポーズと表情400ステッチ

ちいさな
どうぶつ
刺しゅう

ささき みえこ

誠文堂新光社

MESSAGE
*

はじめまして。
刺しゅう作家兼イラストレーター兼
布ショップオーナーのささきみえこです。
今回はじめて、ワンポイントの刺しゅう図案集に挑戦させていただきました。
刺しゅうをやってみたいと思いながらも、どんな図案を何に刺しゅうすればよいのか、
迷ってしまうものですよね。そんなときに役立ててほしいのが本書です。
約1〜3cm四方サイズのちいさな動物の図案がなんと400種類！
きっとお気に入りが見つかるはずです。
私が刺しゅうを始めたきっかけも、お気に入りのリネンのはぎれで作ったハンカチに
ワンポイント刺しゅうをしたこと。既製品のアイテムにちょこっとステッチするなら
もっと手軽（P93もご覧下さい）。簡単なのにかわいくなるところが、
ワンポイント刺しゅうの魅力なのです。
お子さんだけでなく、大人の女性も男性も、身につけて楽しめます。
本書をきっかけに、刺しゅうを好きになって
もらえたらうれしいです。

BASIC
刺しゅうの基本

刺しゅうを始める前に準備をして、ステッチを楽しみましょう。

図案の写し方

1 布の上に転写紙、図案、セロファンを重ねる。

2 セロファンの上から図案写しペンで図案をなぞる。

3 図案が見えにくい場合は転写ペンでさらになぞる。

刺しゅう枠の使い方

1 布の下に小さいほうの枠を入れる。

2 その上から大きいほうの枠をはめる。

3 ネジを強く締める。

刺しゅう糸の扱い方

1 ラベルを取り、輪になった糸をいったんほどく。

2 糸端どうしを結び、四重ほどの輪にしたら、片側の輪をはさみでカットする。

3 輪のほうをオーガナイザーに結びつけて保存。

ステッチの刺し方＜ P1の作例・リスと切り株＞

刺しゅうで隠れる位置に針を刺し、糸端を少し残しておく。
※玉結びで始めてもOK

1から輪郭のラインに針を入れる。

アウトラインステッチ（バックステッチでもOK）でサテンステッチの範囲の輪郭を刺しゅうする。

アウトラインステッチが終わったところ。

アウトラインステッチの端からサテンステッチを始める。

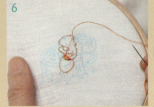
輪郭にそって刺しゅうする。

指定どおりに刺しゅうをして図案全体が仕上がった状態。

STITCH
10種のステッチ

本書に登場する10種類のステッチを紹介します。

※刺しゅう糸は2本取りです。

サテンステッチ

刺しゅうで隠れる位置に針を刺し、糸端を少し残しておく。糸は平行に刺す。

アウトラインステッチで輪郭をとる

アウトラインステッチ

輪郭線に使われるステッチ。針目を重ねながら刺す。ラインを重ねて面積をうめることもできる。

ストレートステッチ

まっすぐなラインの基本的なステッチ。
間隔を均等にあけながら上から下に。

バックステッチ

一度バックして前に進むステッチ。等間隔の針目を繰り返す。カーブするラインは細かい針目で刺すときれいに仕上がる。

レゼーデージーステッチ

花びらによく使われるステッチ。
輪を作って留める。

輪の少し上に針を入れる

チェーンステッチ

レゼーデージーの連続ステッチ。
輪の大きさを揃えてつなげる。

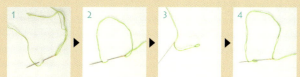

フリーステッチ

ランダムに面を埋めるステッチ。
基本はバックステッチ。

フレンチノットステッチ

花の芯などによく使われるステッチ。
玉どめの要領。

糸を2回巻き、指でおさえながら針を引き抜く

玉の少し上に針を入れる

ロング＆ショートステッチ

面を埋めるステッチ。間隔をあけず長短のステッチを繰り返す。

アウトラインステッチで輪郭をとる

ダブルクロスステッチ

4回クロスを重ねるステッチ。クロスステッチ（2回）よりも立体感を出せる。

最後は・の位置に針を刺す

※サテンステッチ、ロング＆ショートステッチの輪郭は、ペンでかたどるだけでもOK

Part 1 * 動物コレクション
COLLECTION OF ANIMALS

イヌ　図案 P10

イヌ　図案 P11

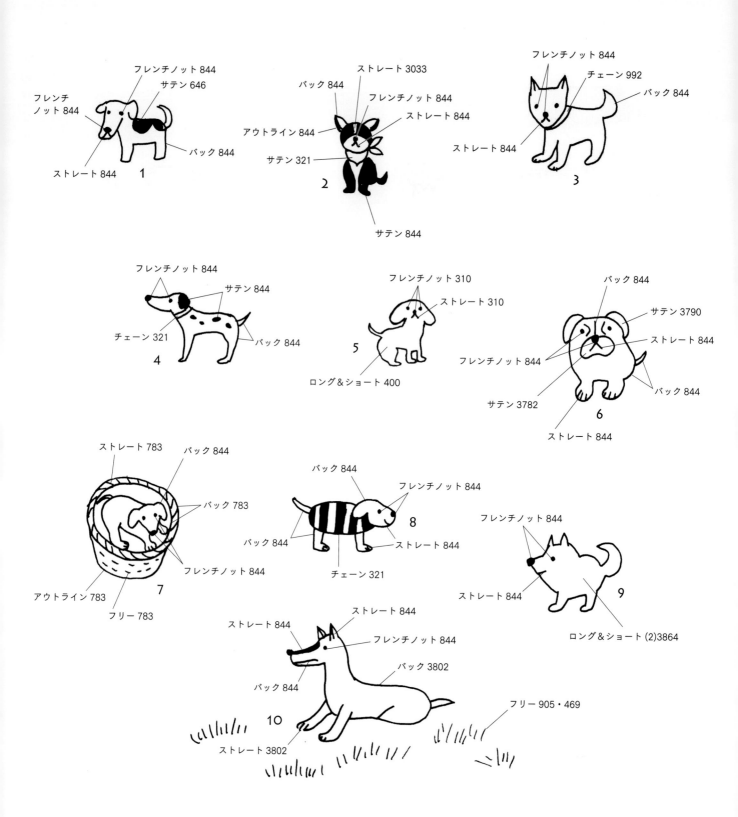

イヌ

※表記はステッチ名、糸の色番号となります。
糸は基本1本取り。(2)のみ2本取りです。

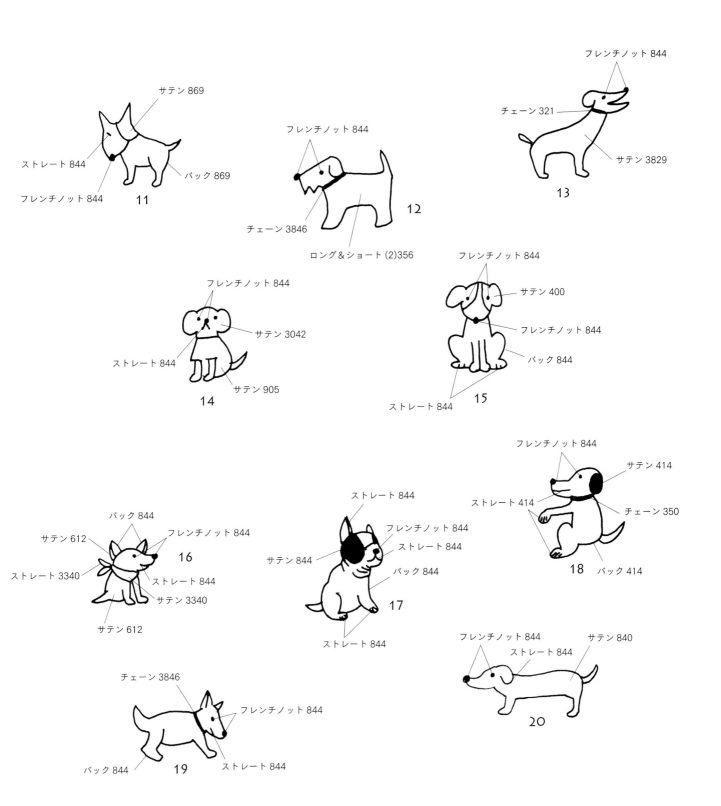

ウサギ　図案 P14

32

35

33　　34

36

37

38

39

40

Part 1 * 動物コレクション［愛され系］

パンダ　図案 P15

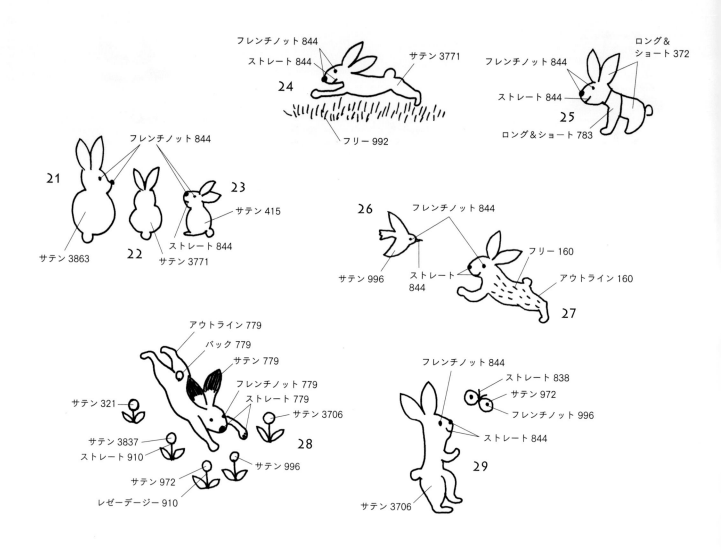

ウサギ

※表記はステッチ名、糸の色番号となります。
糸は基本1本取り。(2)のみ2本取りです。

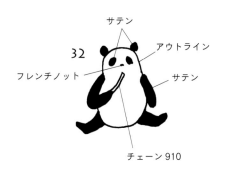
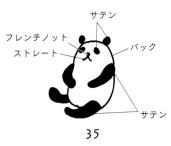

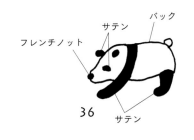
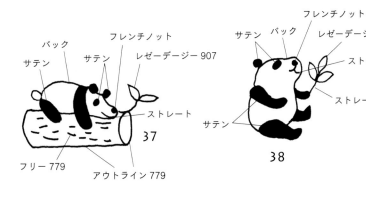

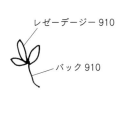
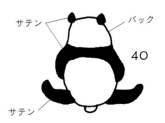

パンダ

※表記はステッチ名、糸の色番号となります。
　糸は基本1本取り。(2)のみ2本取りです。
※パンダの黒はすべて310。

ネコ 図案 P18

ネコ　図案 P19

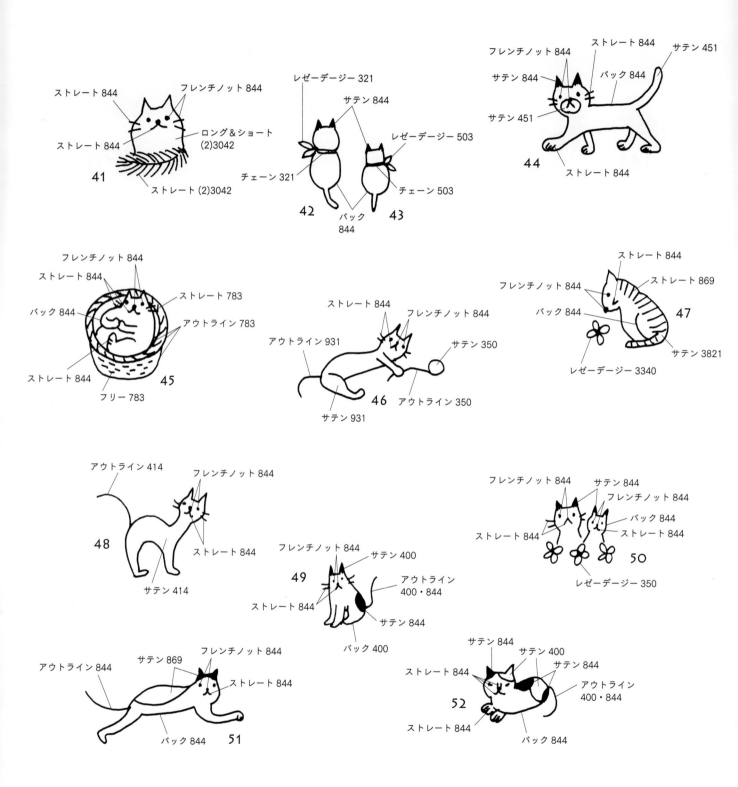

ネコ

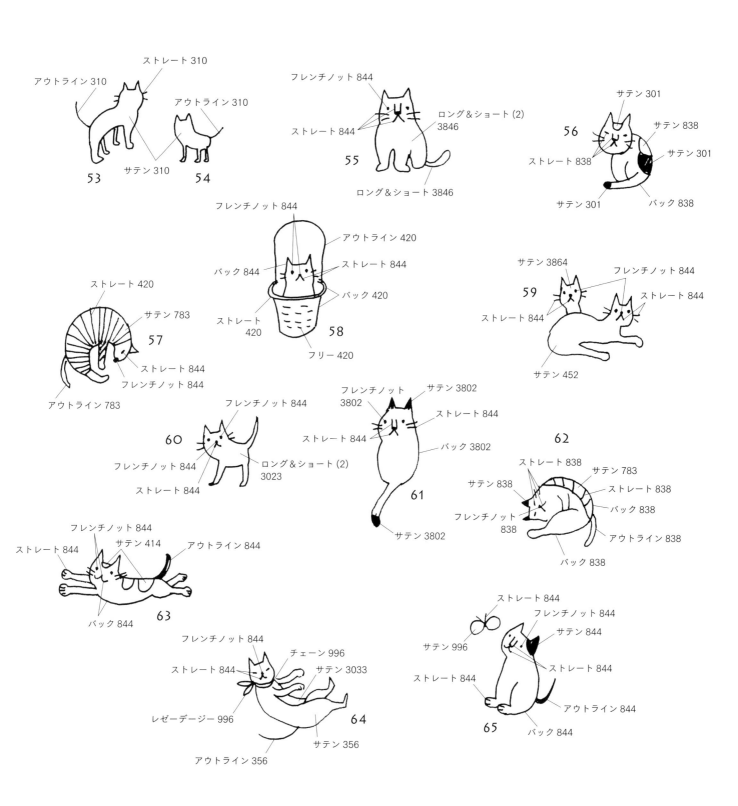

ネコ

※表記はステッチ名、糸の色番号となります。
糸は基本1本取り。(2)のみ2本取りです。

サル　図案 P22

ネズミ　図案 P23

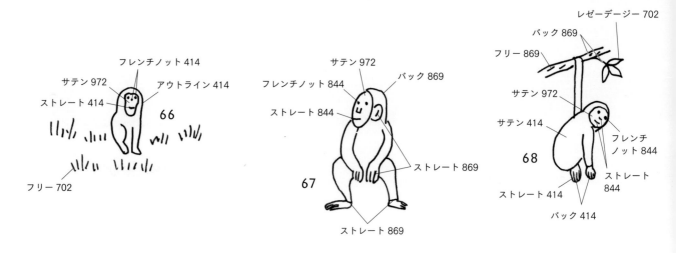
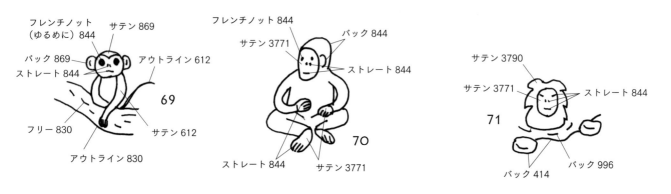
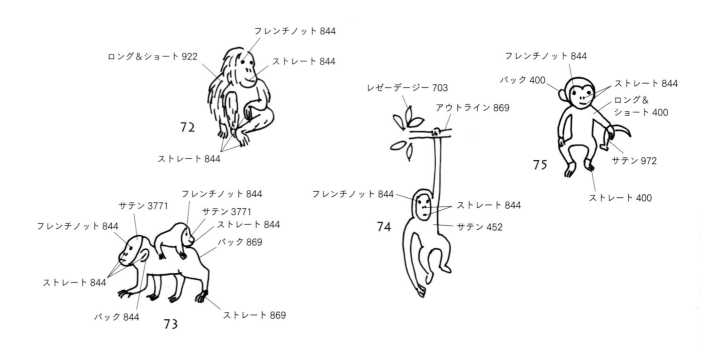

サル

※表記はステッチ名、糸の色番号となります。
糸は基本1本取り。(2)のみ2本取りです。

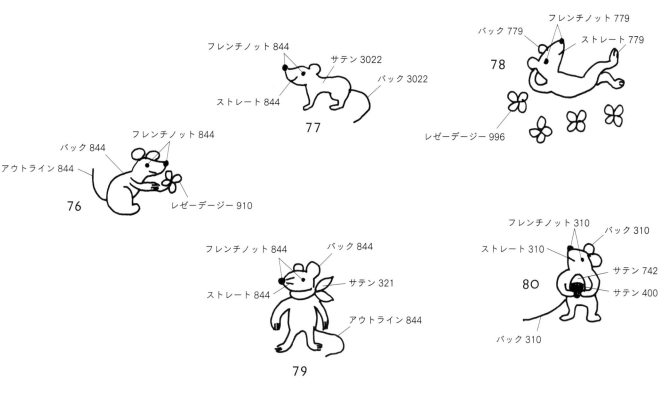
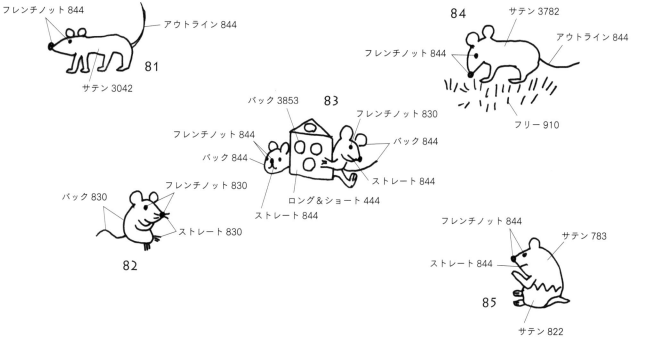

ネズミ

※表記はステッチ名、糸の色番号となります。
糸は基本1本取り。(2)のみ2本取りです。

クマ　図案 P26

クマ 図案 P27

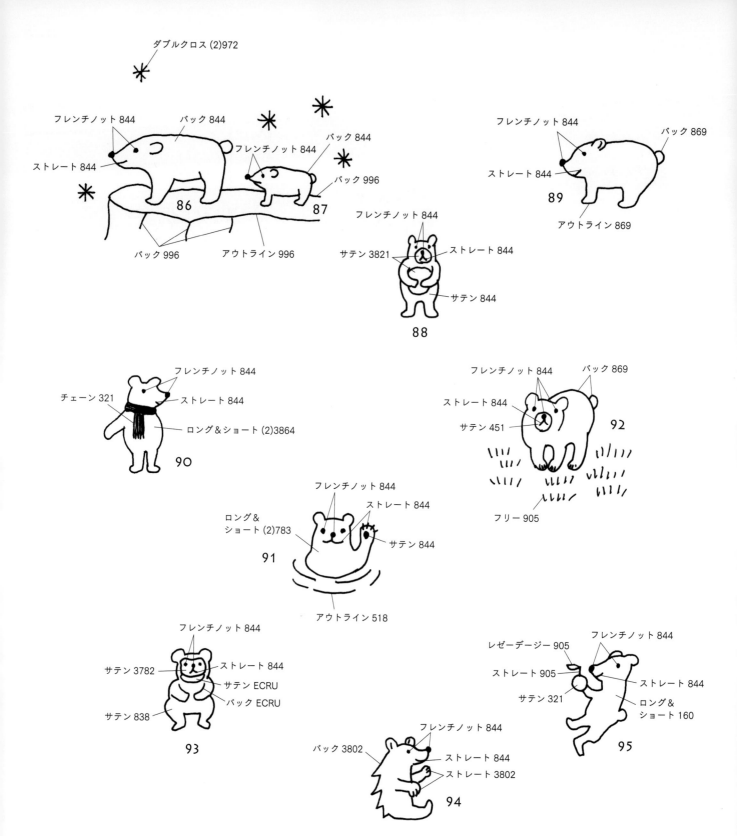

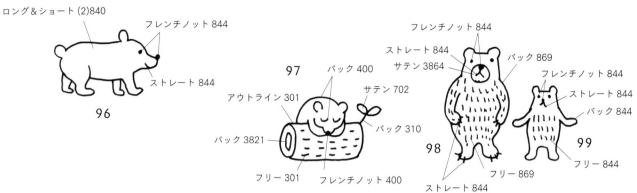

クマ

※表記はステッチ名、糸の色番号となります。
糸は基本1本取り。(2)のみ2本取りです。

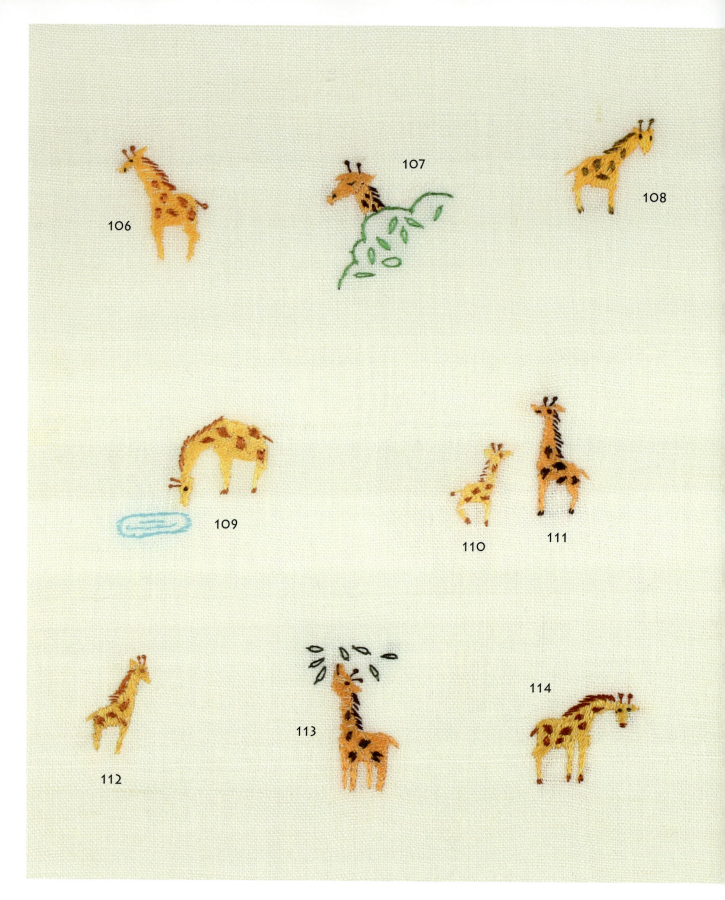

キリン　図案 P30

ブタ　図案 P31

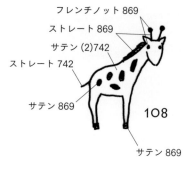
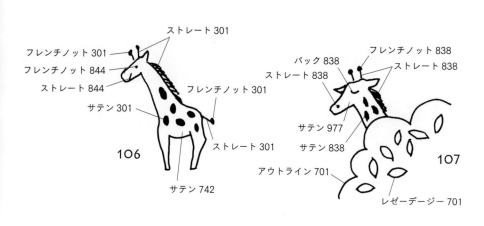
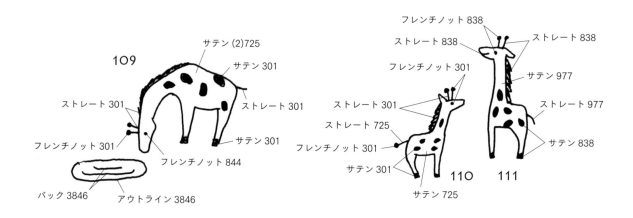
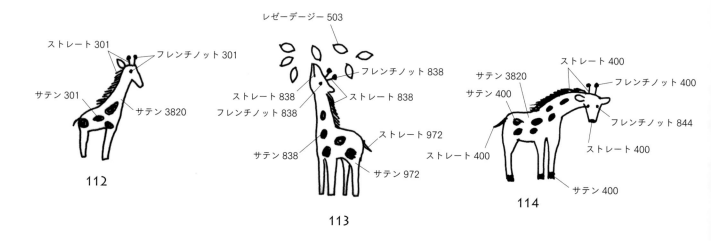

キリン

※表記はステッチ名、糸の色番号となります。
糸は基本1本取り。(2)のみ2本取りです。

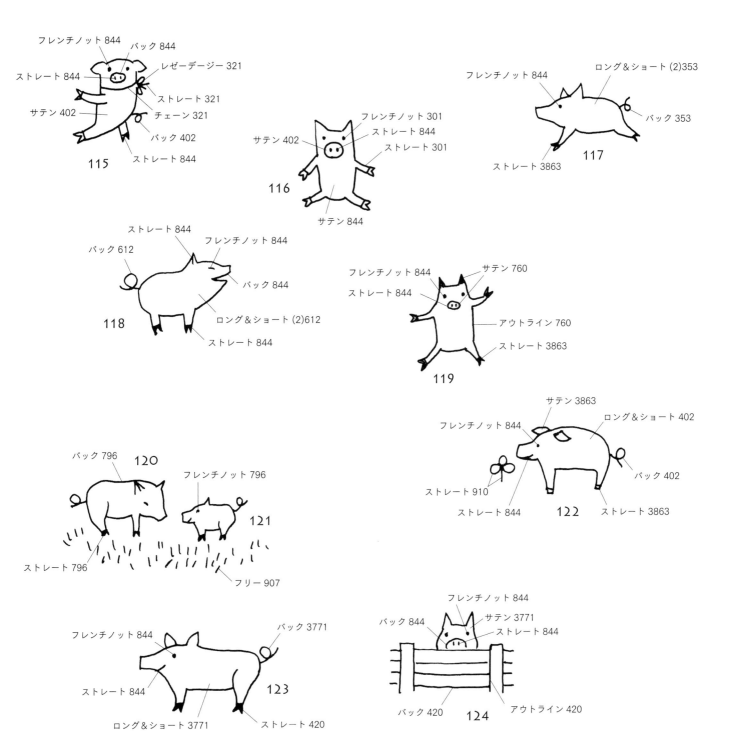

ブタ

※表記はステッチ名、糸の色番号となります。
糸は基本1本取り。(2)のみ2本取りです。

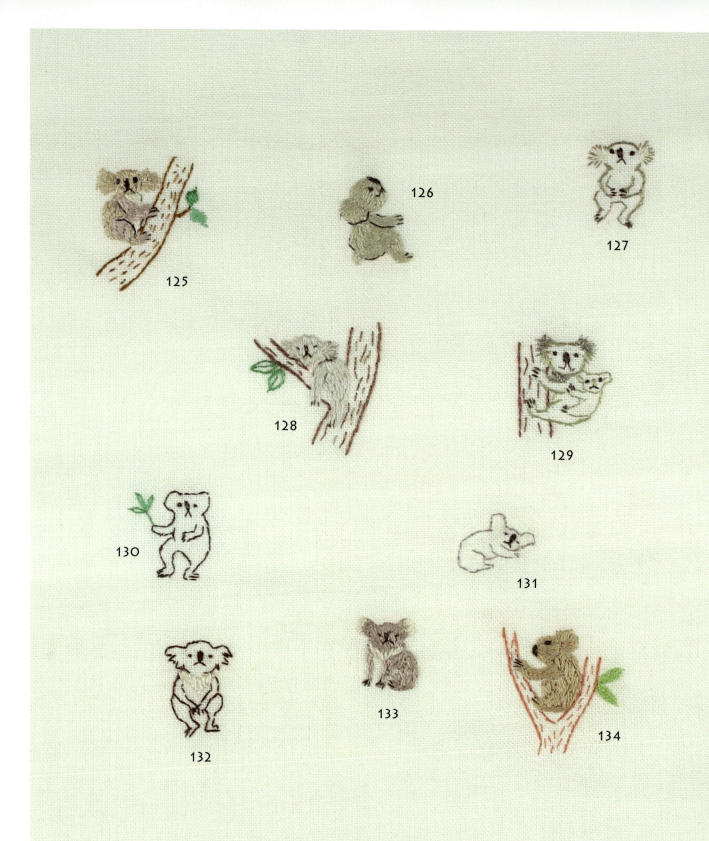

コアラ　図案 P34

カンガルー　図案 P35

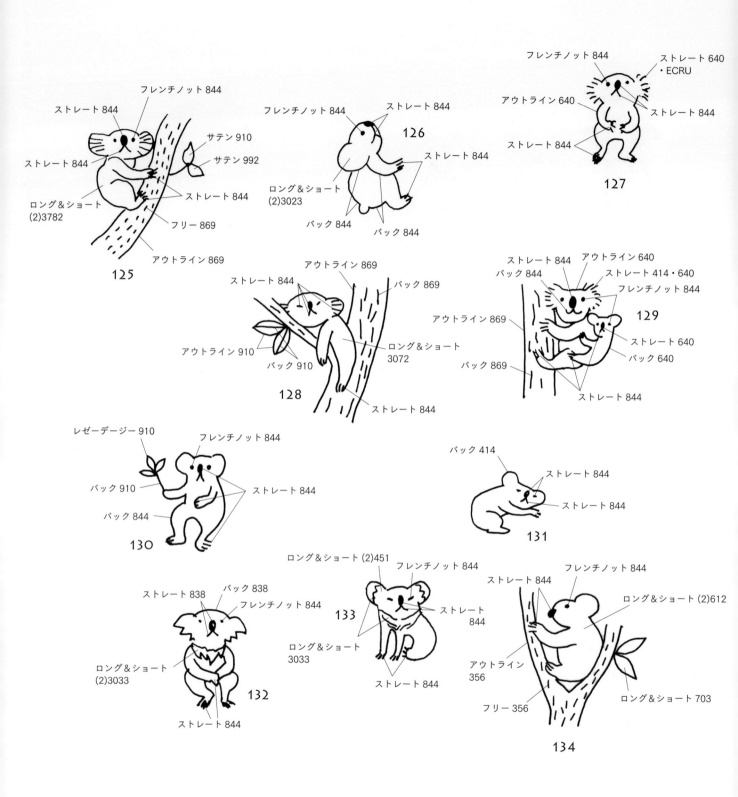

コアラ

カンガルー

ラクダ　図案 P38

カピバラ 図案 P39

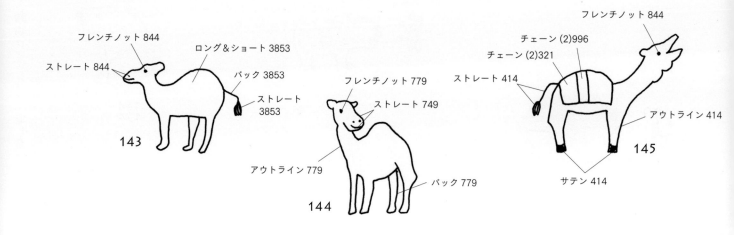
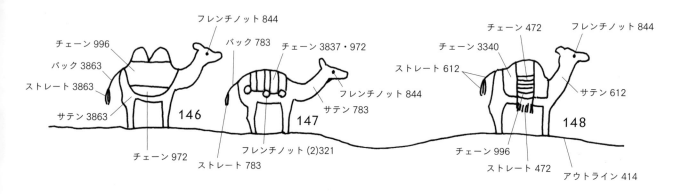
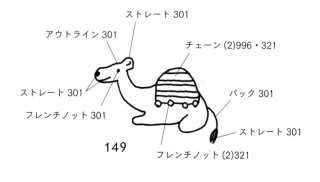
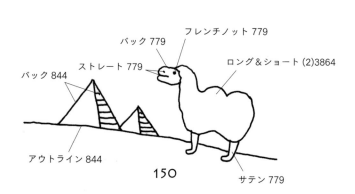

ラクダ

※表記はステッチ名、糸の色番号となります。
糸は基本1本取り。(2)のみ2本取りです。

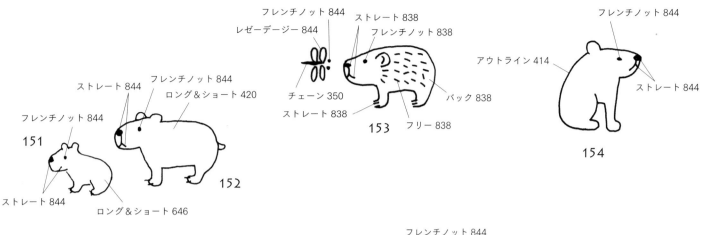

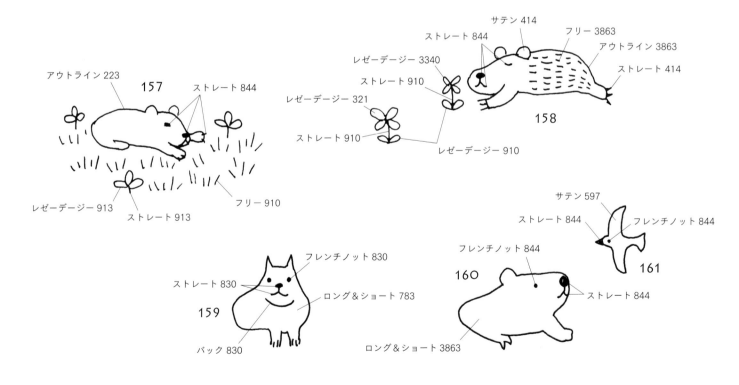

カピバラ

※表記はステッチ名、糸の色番号となります。
糸は基本1本取り。(2)のみ2本取りです。

猛獣　図案 P42

猛獣　図案 P43

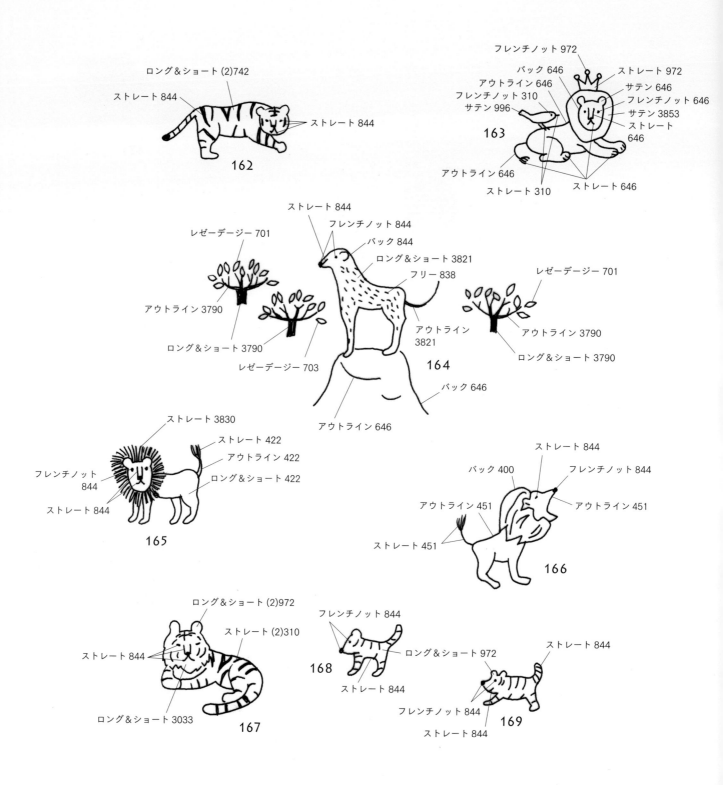

猛獣

猛獣

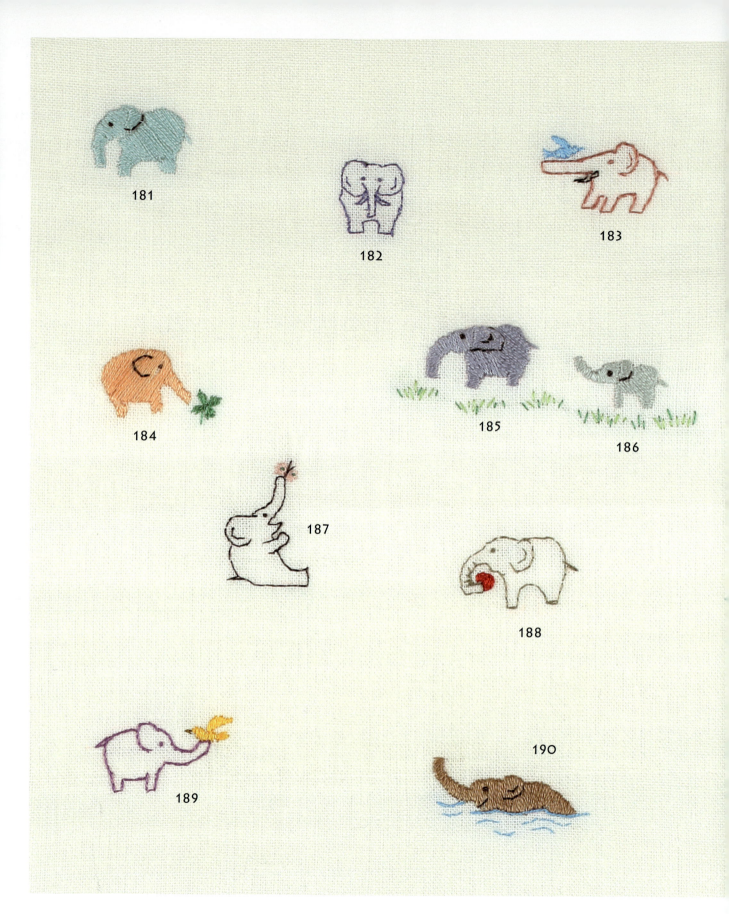

ゾウ　図案 P46

サイ　図案 P47

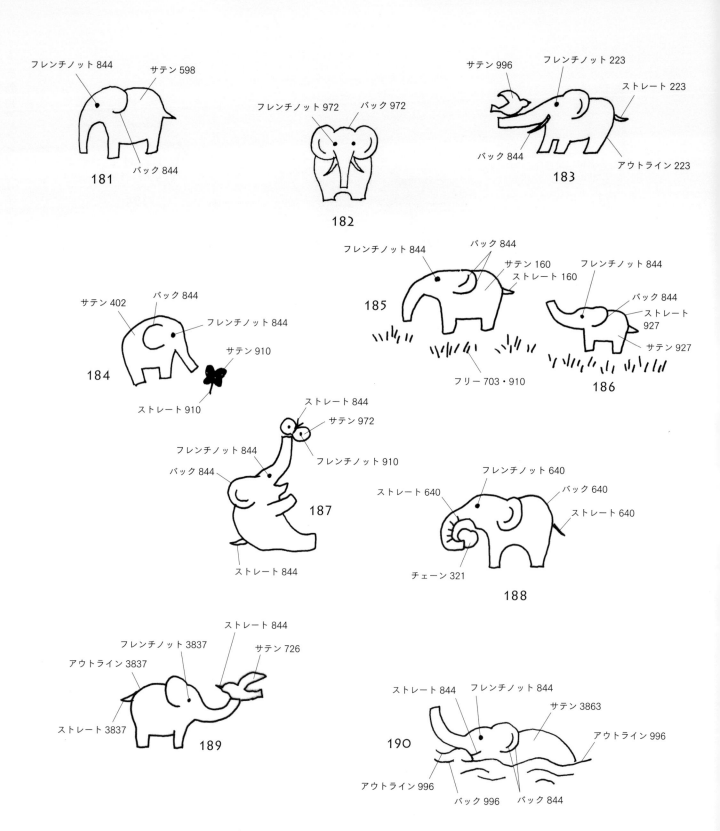

ゾウ

※表記はステッチ名、糸の色番号となります。
糸は基本1本取り。(2)のみ2本取りです。

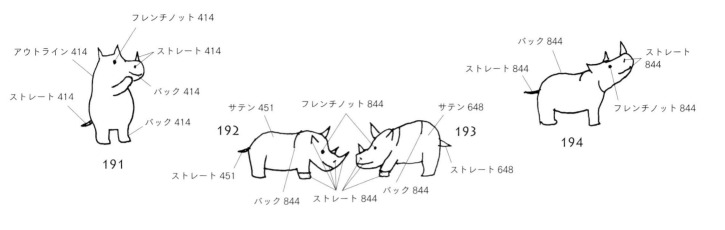
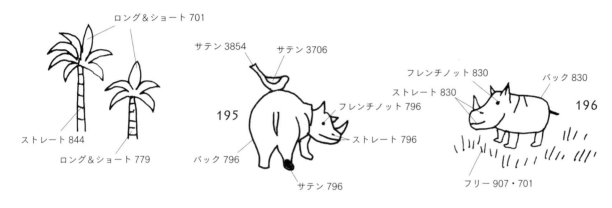
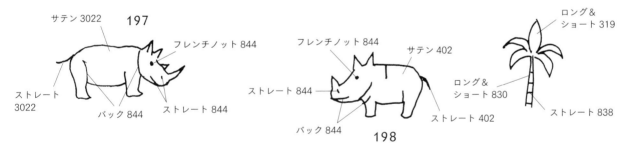
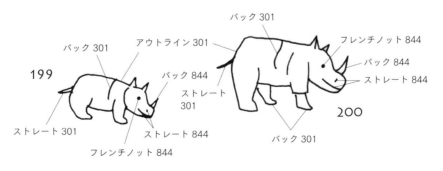

サイ

※表記はステッチ名、糸の色番号となります。
糸は基本1本取り。(2)のみ2本取りです。

カバ　図案 P50

イノシシ　図案 P51

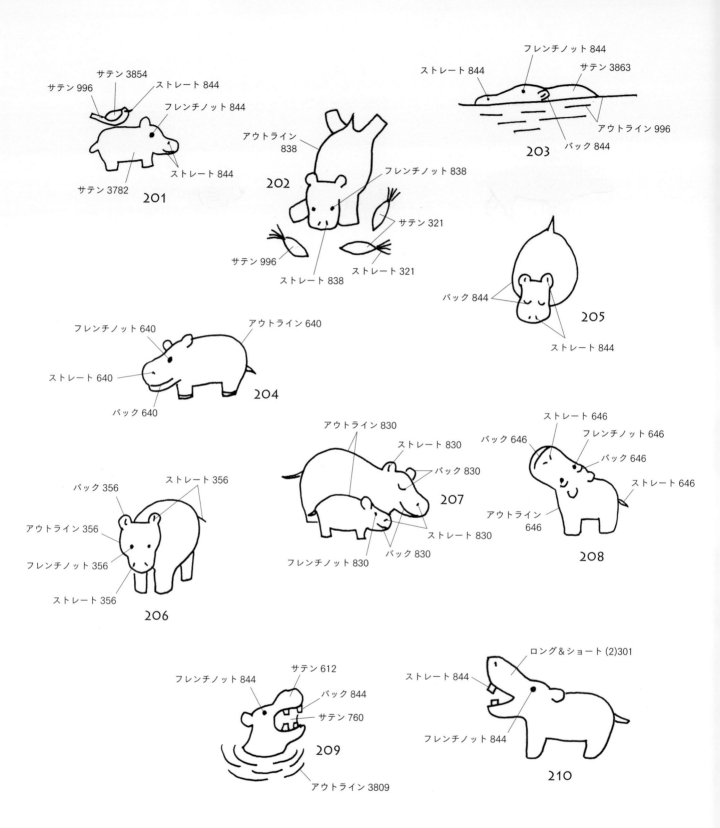

カバ

※表記はステッチ名、糸の色番号となります。
糸は基本1本取り。(2)のみ2本取りです。

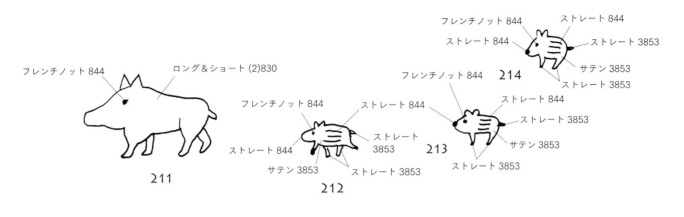
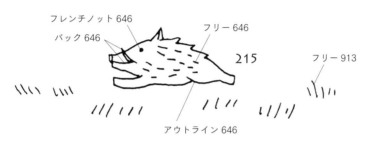
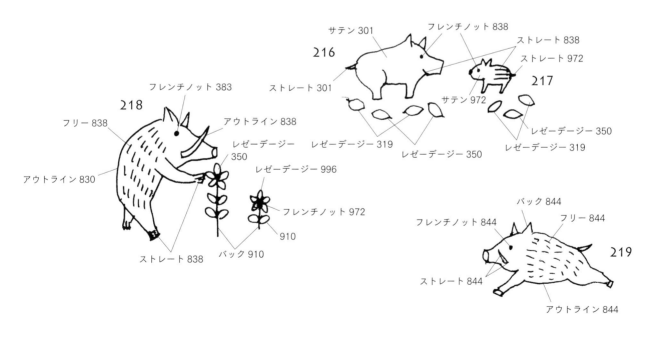

イノシシ

※表記はステッチ名、糸の色番号となります。
糸は基本1本取り。(2)のみ2本取りです。

Part 2 * 動物の楽園
PARADISE OF ANIMALS

牧場の風景　図案 P54

牧場の風景　図案 P55

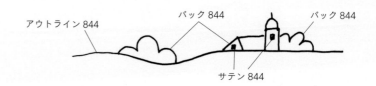
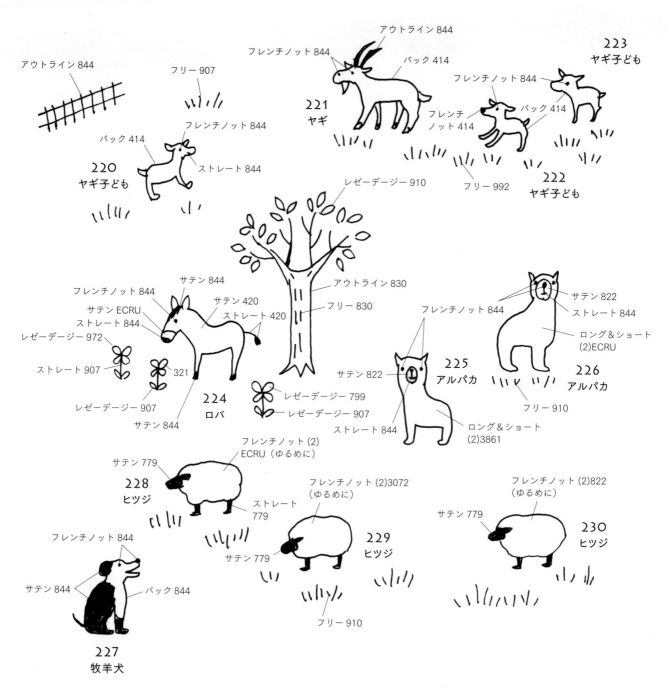

牧場の風景

※表記はステッチ名、糸の色番号となります。
糸は基本1本取り。(2)のみ2本取りです。

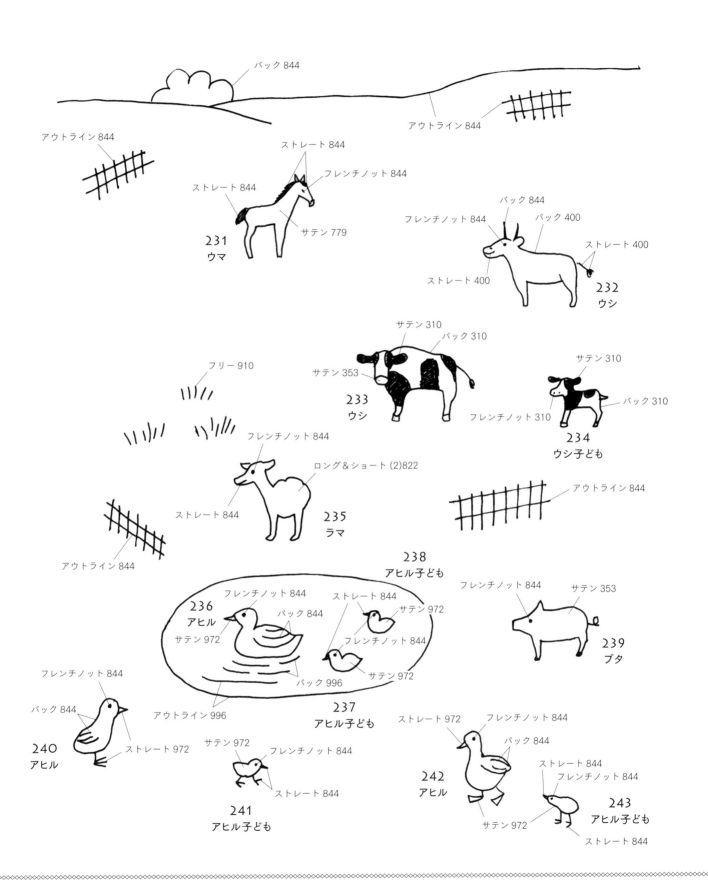

牧場の風景

※表記はステッチ名、糸の色番号となります。
糸は基本1本取り。(2)のみ2本取りです。

森のちいさな仲間　図案 P58

森のちいさな仲間　図案 P59

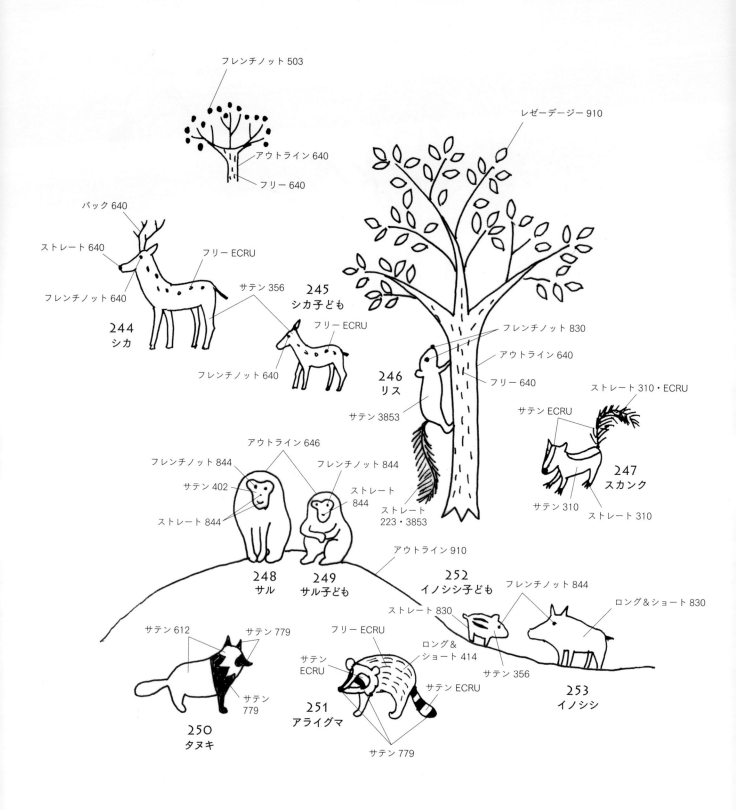

森のちいさな仲間

※表記はステッチ名、糸の色番号となります。
糸は基本1本取り。(2)のみ2本取りです。

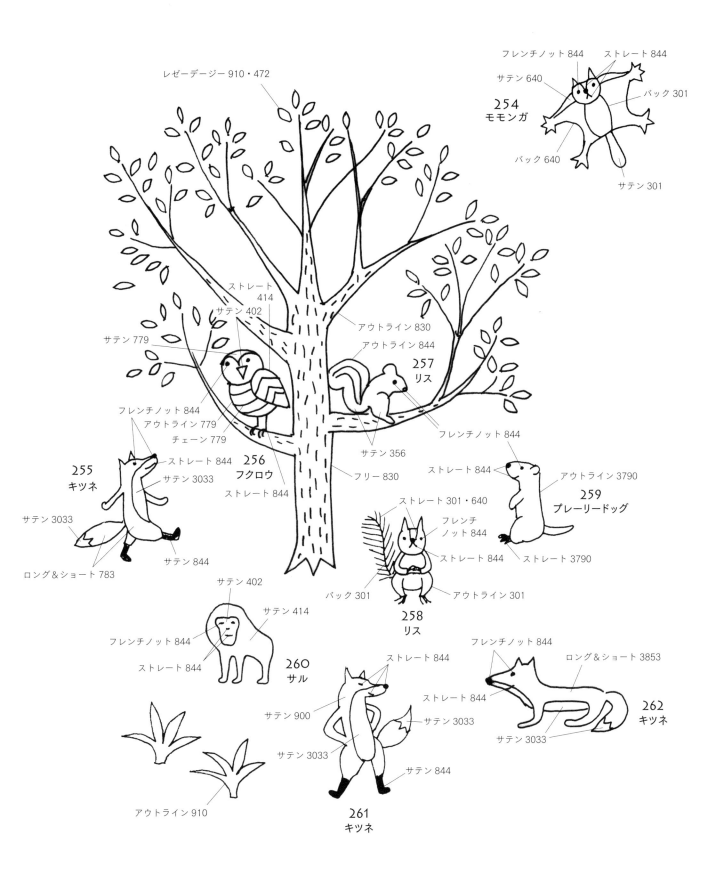

森のちいさな仲間

※表記はステッチ名、糸の色番号となります。
糸は基本1本取り。(2) のみ2本取りです。

ジャングルクルーズ　図案 P62

ジャングルクルーズ　図案 P63

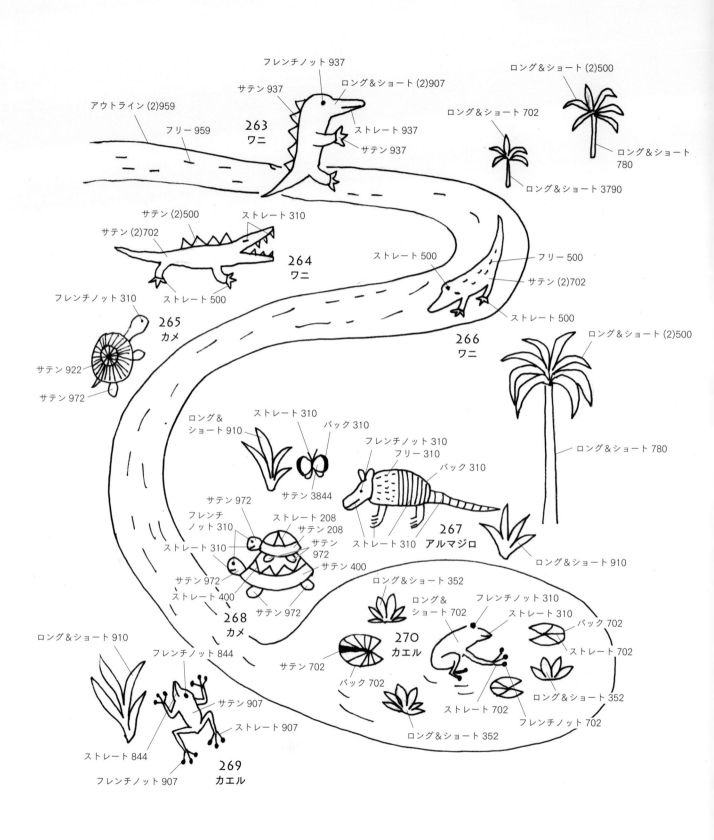

ジャングルクルーズ

※表記はステッチ名、糸の色番号となります。
糸は基本1本取り。(2)のみ2本取りです。

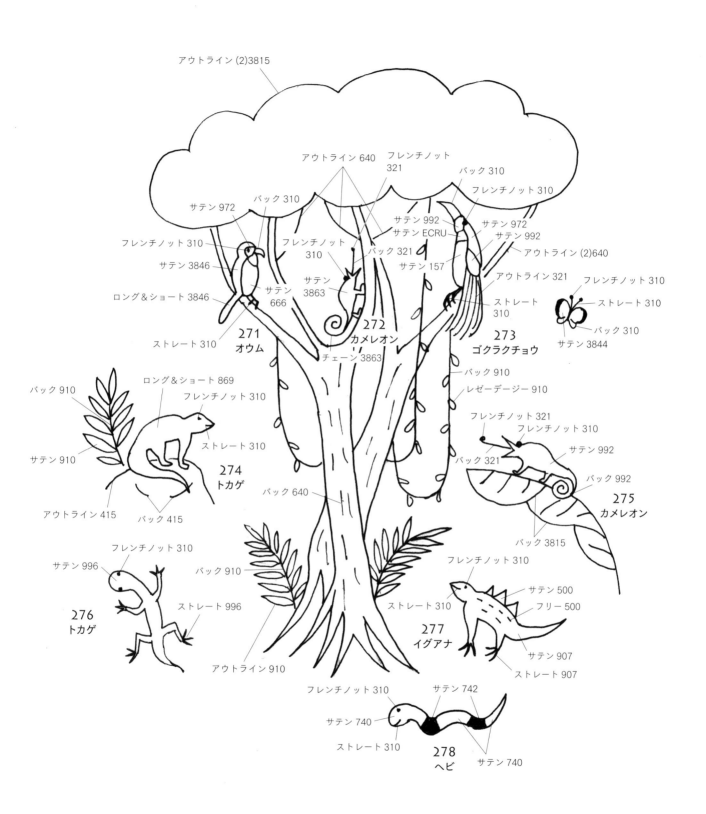

ジャングルクルーズ

※表記はステッチ名、糸の色番号となります。
糸は基本1本取り。(2) のみ2本取りです。

夜の番人　図案 P66

夜の番人　図案 P67

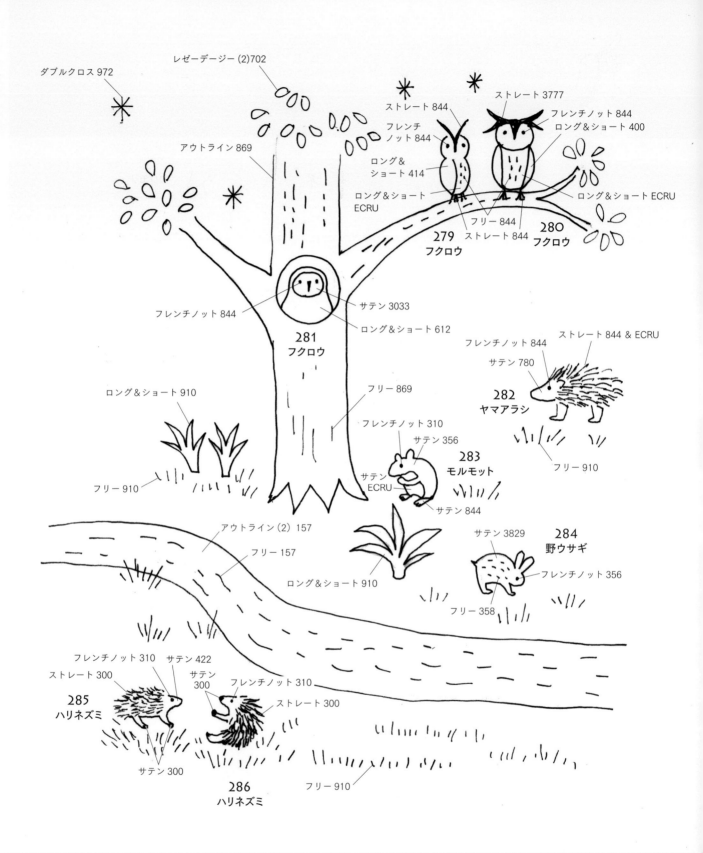

夜の番人

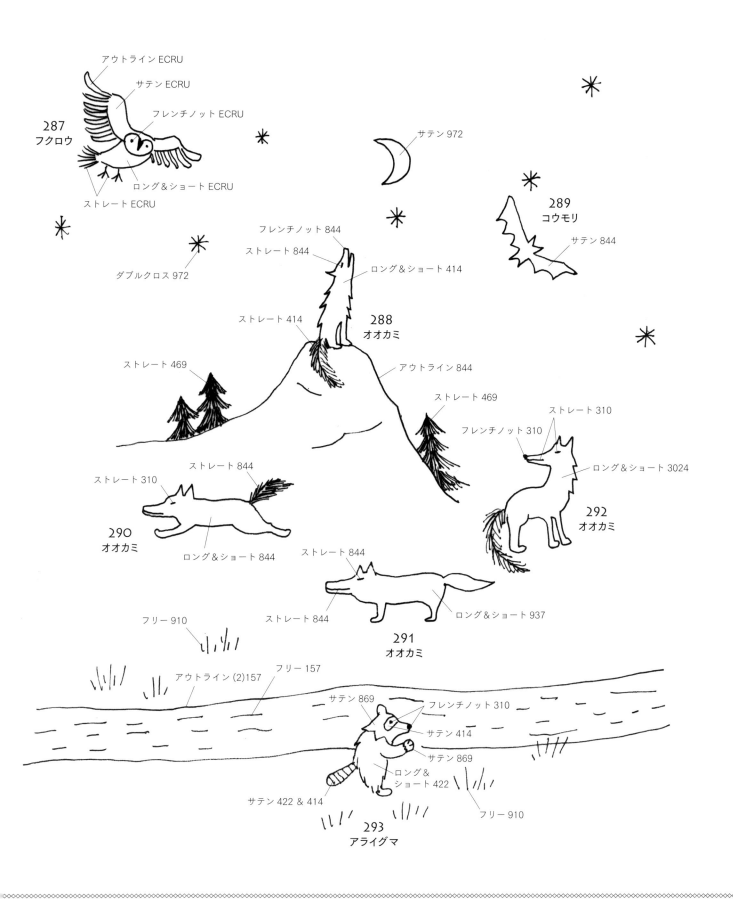

夜の番人

※表記はステッチ名、糸の色番号となります。
糸は基本1本取り。(2) のみ2本取りです。

野鳥の森　図案 P70

野鳥の森　図案 P71

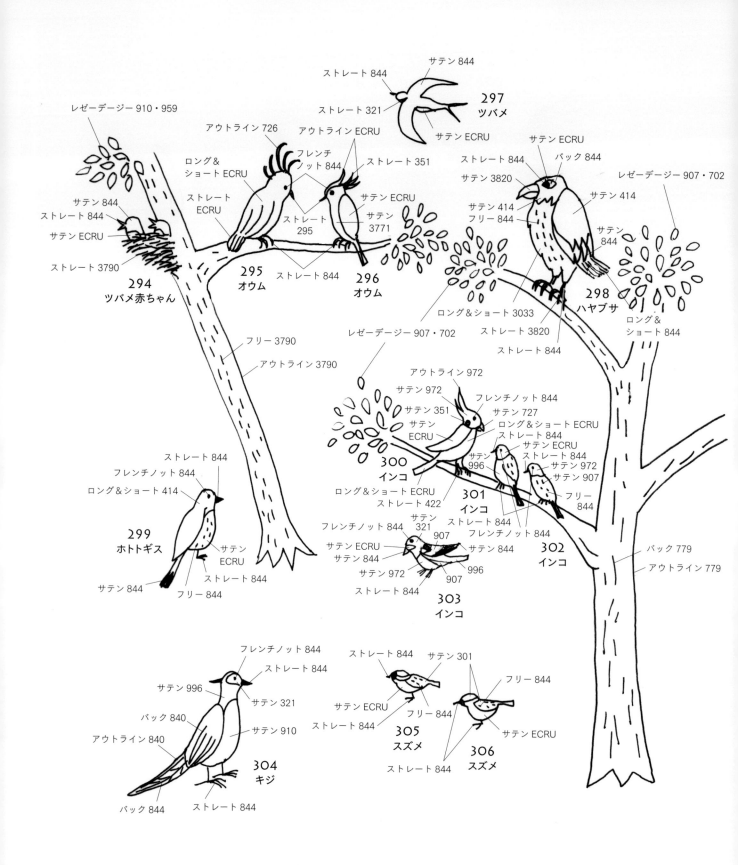

野鳥の森

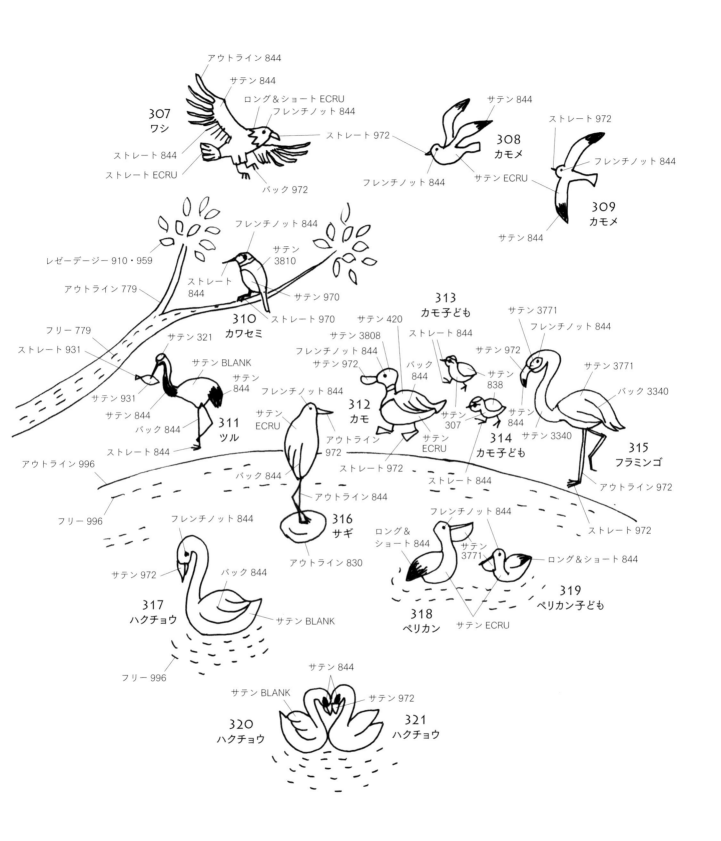

野鳥の森

※表記はステッチ名、糸の色番号となります。
糸は基本1本取り。(2)のみ2本取りです。

Part 3 * 動物図鑑
ANIMALS GUIDE

322 ペガサス

323 麒麟

324 ドラゴン

325 鳳凰

326 フェニックス

327 ユニコーン

神獣　図案 P74

海獣　図案 P75

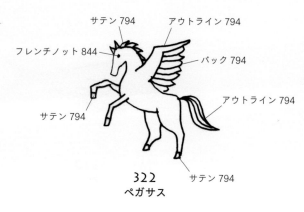

322
ペガサス

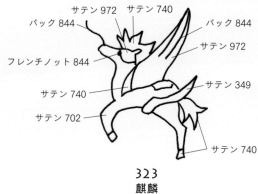

323
麒麟

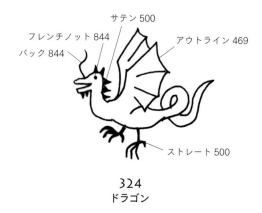

324
ドラゴン

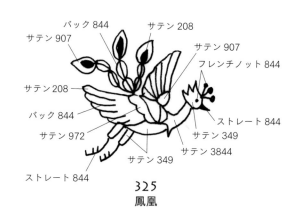

325
鳳凰

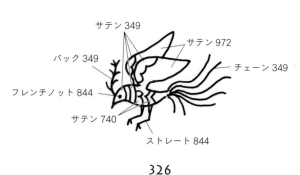

326
フェニックス

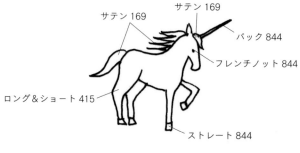

327
ユニコーン

神獣

※表記はステッチ名、糸の色番号となります。
糸は基本1本取り。(2)のみ2本取りです。

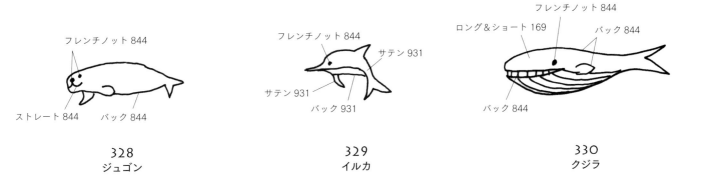

328 ジュゴン　329 イルカ　330 クジラ

331 アザラシ　332 ラッコ　333 アシカ

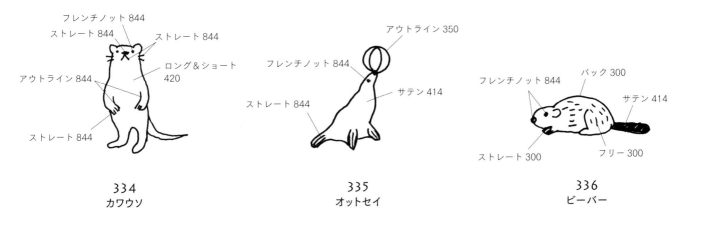

334 カワウソ　335 オットセイ　336 ビーバー

海獣

※表記はステッチ名、糸の色番号となります。
糸は基本1本取り。(2)のみ2本取りです。

珍獣　図案 P78

Part 3 * 動物図鑑

346
ブラキオサウルス

347
スピノサウルス

348
プテラノドン

349
ベビー トリケラトプス

350
ティラノサウルス

351
ステゴサウルス

352
トリケラトプス

353
ヴェロキラプトル

354
プレシオサウルス

恐竜　図案 P79

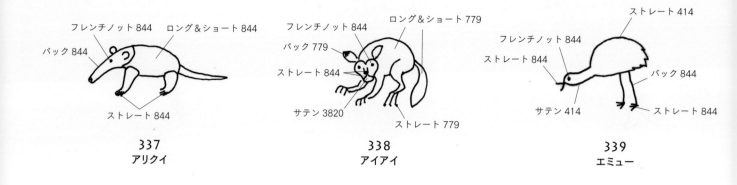

337 アリクイ　338 アイアイ　339 エミュー

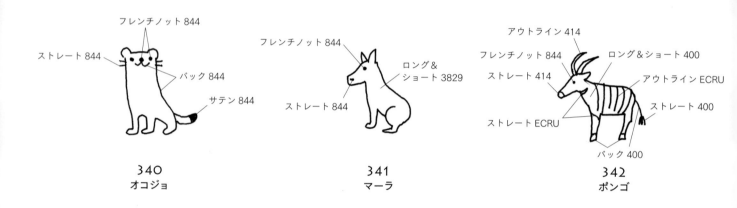

340 オコジョ　341 マーラ　342 ポンゴ

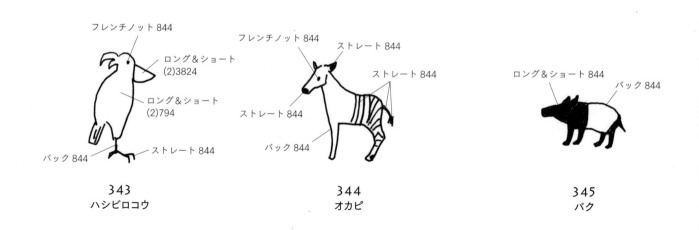

343 ハシビロコウ　344 オカピ　345 バク

珍獣

※表記はステッチ名、糸の色番号となります。
糸は基本1本取り。(2)のみ2本取りです。

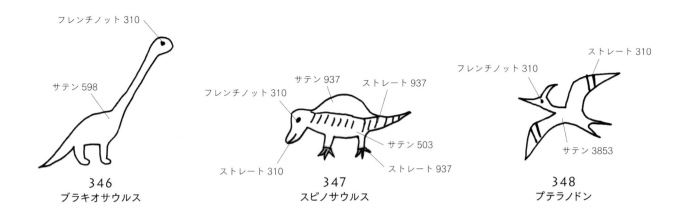

346 ブラキオサウルス

347 スピノサウルス

348 プテラノドン

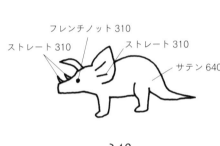

349 ベビー トリケラトプス

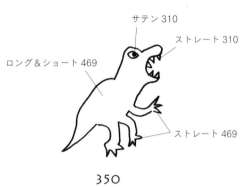

350 ティラノサウルス

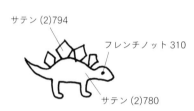

351 ステゴサウルス

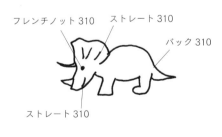

352 トリケラトプス

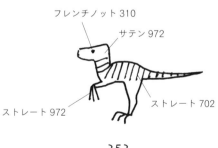

353 ヴェロキラプトル

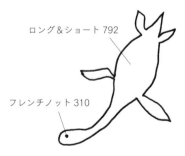

354 プレシオサウルス

恐竜

※表記はステッチ名、糸の色番号となります。
糸は基本1本取り。(2)のみ2本取りです。

Part 4 * アニマルパーク
ANIMAL PARK

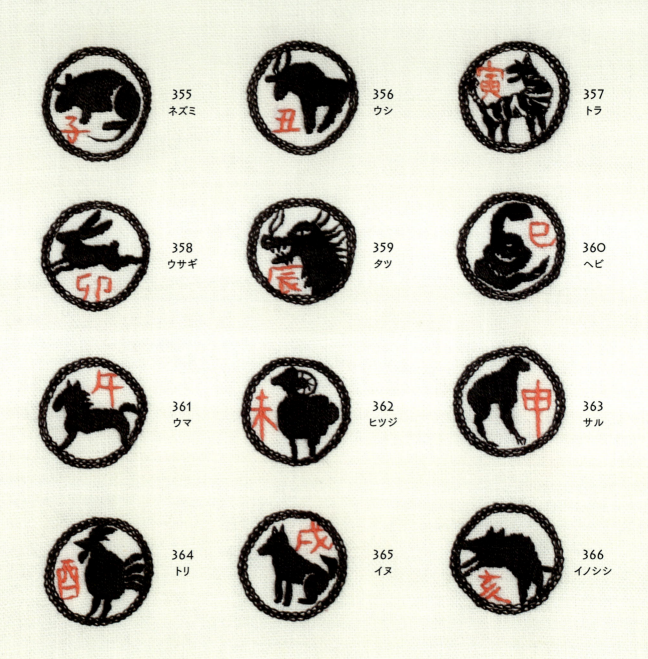

355 ネズミ
356 ウシ
357 トラ
358 ウサギ
359 タツ
360 ヘビ
361 ウマ
362 ヒツジ
363 サル
364 トリ
365 イヌ
366 イノシシ

干支図像　図案 P82

開運図像　図案 P83

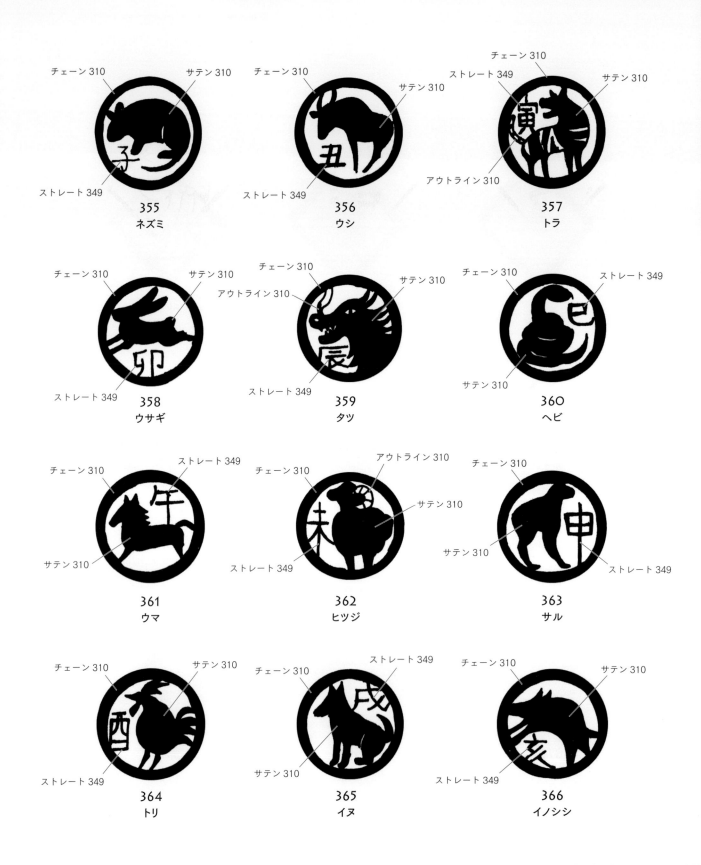

干支図像

※表記はステッチ名、糸の色番号となります。
糸は基本1本取り。(2)のみ2本取りです。
※枠はすべてチェーンステッチ2重。

367 カエル
368 ニワトリ
369 ツル

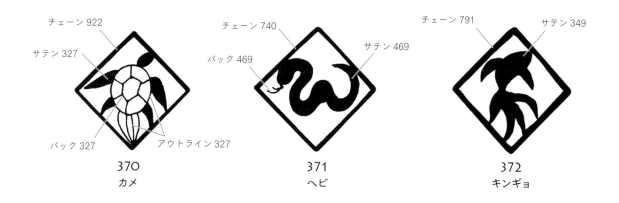

370 カメ
371 ヘビ
372 キンギョ

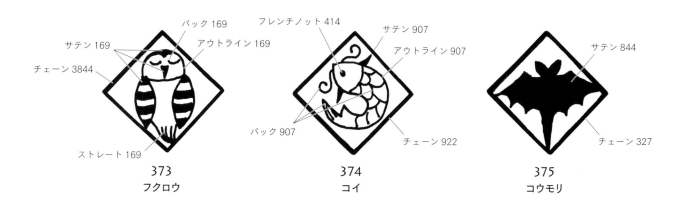

373 フクロウ
374 コイ
375 コウモリ

開運図像

※表記はステッチ名、糸の色番号となります。
　糸は基本1本取り。(2)のみ2本取りです。
※枠はすべてチェーンステッチ2重。

にらめっこスタンプ　図案 P86

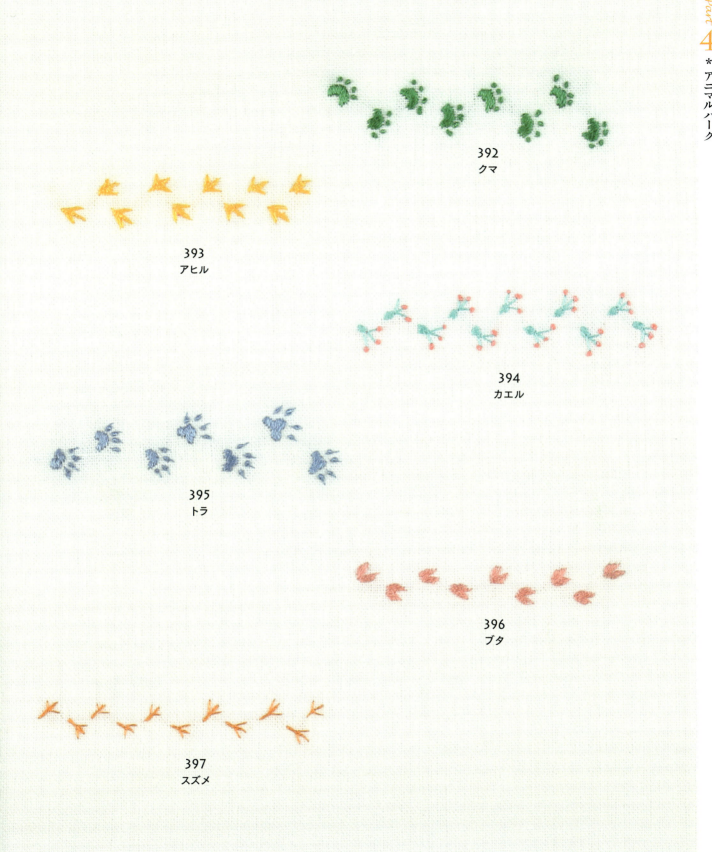

あしあとスタンプ　図案 P87

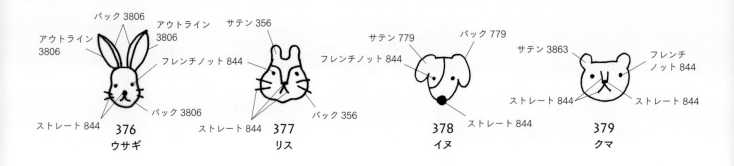
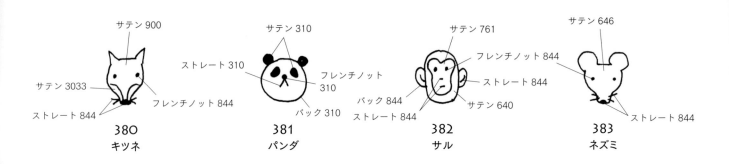
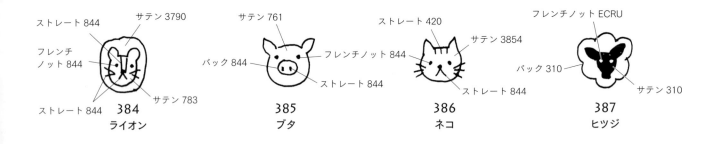
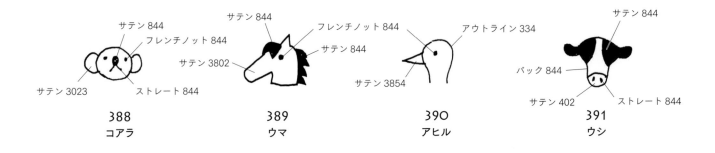

にらめっこスタンプ

※表記はステッチ名、糸の色番号となります。
糸は基本1本取り。(2) のみ2本取りです。

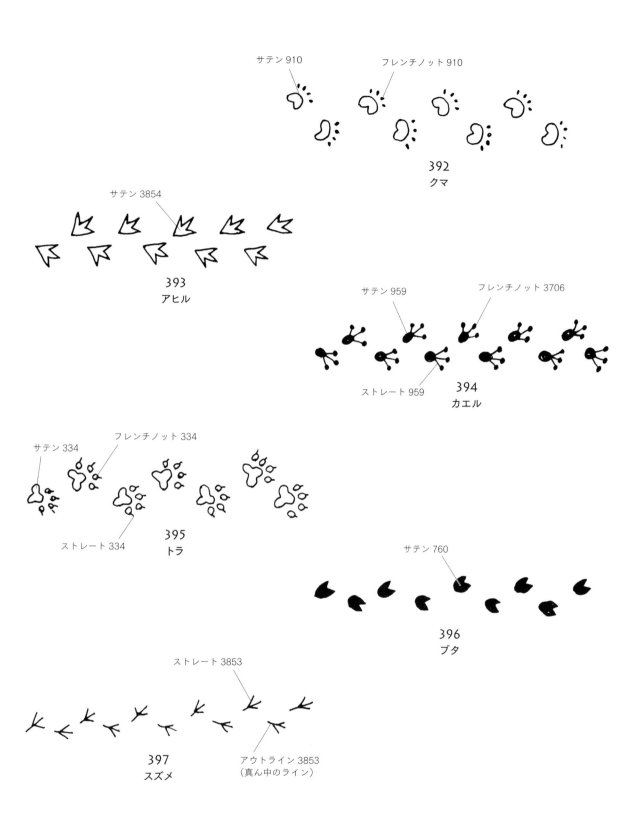

あしあとスタンプ

※表記はステッチ名、糸の色番号となります。
糸は基本1本取り。(2) のみ2本取りです。

SPRING
....
398

SUMMER
....
399

メッセージワッペン　図案 P90

Part 4 * アニマルパーク

AUTUMN
....
400

WINTER
....
401

メッセージワッペン　図案 P91

398

399

メッセージワッペン

※表記はステッチ名、糸の色番号となります。
糸は基本1本取り。(2)のみ2本取りです。

メッセージワッペン

※表記はステッチ名、糸の色番号となります。
糸は基本1本取り。(2)のみ2本取りです。

その他の図案　図案 P94

Column

ワンポイント刺しゅうの楽しみ方

かわいいっ！のはもちろん、ワンポイント刺しゅうの魅力といえばカンタンなところ。
平凡な既製品があっという間にオリジナルになるから、プレゼントにも喜ばれます。
ここでは、ささきみえこが実践している5つの楽しみ方を紹介します。

① Tシャツやコットンシャツに！

シンプルなシャツ類はどこに刺しゅうをしてもかわいい！ ブラウスの襟やシャツの胸元、裾にこそっと入れたりもします。

② 靴下やエコバッグに！

白いアイテムにはワンポイント刺しゅうが映えます。子どもの靴下を左右別々の図案にしたら喜ばれました！

404

③ くるみボタンに！

コロンとしたボタンとしても使えますが、小さなブローチのような存在感があるので小物のアクセントにしたり、ヘアゴムを付けたりアレンジ自在！

④ フェルトブローチに！

本書（P88-P89）でも紹介したフェルトに刺しゅう。フェルトを2枚重ねにしてピンをつけるだけでブローチに。アップリケのように直接縫いつけるのもありです。

⑤ お試しはハンカチに！

初めてのワンポイント刺しゅうは、王道ですがハンカチがおすすめ。いちばんサマになるし、さりげないおしゃれ感も◯。私は柄の布に刺しゅうをするのも好きです。

405

おまけの図案　図案P95

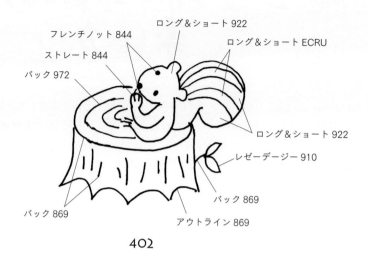

402

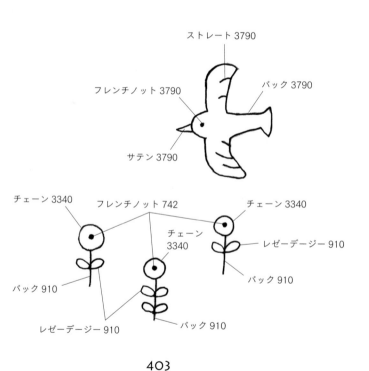

403

その他の図案

※表記はステッチ名、糸の色番号となります。
糸は基本1本取り。(2)のみ2本取りです。

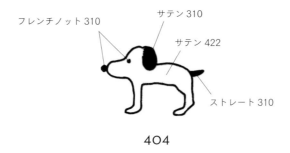

404

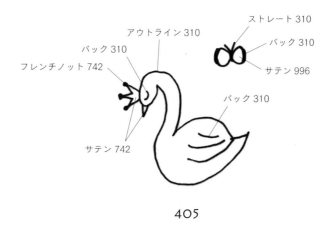

405

おまけの図案

※表記はステッチ名、糸の色番号となります。
糸は基本1本取り。(2)のみ2本取りです。

ささき みえこ

刺しゅう作家、イラストレーター、布のお店はなはっか(webショップ)オーナー
オリジナルのイラストによる刺しゅう作品を制作。イラストレーターとして雑誌、
書籍、広告などの媒体でも活躍中。そのかたわら、2004年より布のセレクト
ショップ「はなはっか」を運営。布の他、オリジナル刺しゅう図案も販売。

ささきみえこHP　http://homepage3.nifty.com/sasakimieko/
布のお店はなはっか　http://hanahakka.com

編集	武智美恵
撮影	横尾麻子(株式会社アリーズフォト)
デザイン	神宮雄樹(株式会社モノクリ)
制作協力	君塚悦子
素材提供	ディー・エム・シー株式会社
	www.dmc.com(グローバルサイト)
	www.dmc-kk.com(webカタログ)

ワンポイントがかわいいポーズと表情400ステッチ
ちいさなどうぶつ刺しゅう

2015年2月15日 発行　　　　NDC 594

著　者	ささきみえこ
発行者	小川雄一
発行所	株式会社　誠文堂新光社
	〒113-0033　東京都文京区本郷3-3-11
	編集　電話03-5805-7762
	販売　電話03-5800-5780
	http://www.seibundo-shinkosha.net/
印刷・製本	大日本印刷株式会社

©2015,Mieko Sasaki.　Printed in Japan　検印省略

万一落丁・乱丁の場合はお取替えいたします。本書掲載記事の無断転用を禁じます。また、本書に掲載された記事の
著作権は著者に帰属します。これらを無断で使用し、手芸教室、講演会、図案を使った商品化などを行うことを禁じます。

本書のコピー、スキャン、デジタル化等の無断複製は、著作権法上での例外を除き禁じられています。本書を代行業者等
の第三者に依頼してスキャンやデジタル化することは、たとえ個人や家庭内での利用であっても著作権法上認められません。

R〈日本複製権センター委託出版物〉
本書の全部または一部を無断で複写複製(コピー)することは、著作権法上での例外を除き禁じられています。本書から
の複写を希望される場合は、日本複製権センター(JRRC)の許諾を受けてください。
JRRC(http://www.jrrc.or.jp/)　E-Mail：jrrc_info@jrrc.or.jp　電話03-3401-2382)

ISBN978-4-416-31507-1